À plus! Charnières

Nouvelle édition

Folien für den Unterricht

Basispaket

Cornelsen

À plus! **Charnières** *Nouvelle édition*
Folien für den Unterricht
Basispaket

Redaktion
Julia Goltz (Projektleitung), Iris Velinsky

Umschlaggestaltung
werkstatt für gebrauchsgrafik, Berlin

Layout und technische Umsetzung:
graphitecture book & edition

Umschlagfotos:
© *links* F1online / AGE / Jerónimo Alba; *rechts* Corbis / Science Photo Library / Ian Hooton

www.cornelsen.de

1. Auflage, 1. Druck 2016

Alle Drucke dieser Auflage sind inhaltlich unverändert
und können im Unterricht nebeneinander verwendet werden.

ISBN 978-3-06-121629-0

Druck: Salzland Druck, Staßfurt

Inhalt gedruckt auf säurefreiem Papier aus nachhaltiger Forstwirtschaft.

Vorwort

Das Basispaket der Folien zu **À plus!** **Charnières** *Nouvelle édition* beinhaltet zehn Folien zu den *Dossiers* des Bandes sowie die Kommentare zum Einsatz der Folien im Unterricht.

Das Gesamtpaket mit 25 Folien und Kommentaren zum Unterrichtseinsatz erhalten Sie als kostenpflichtigen Download (ISBN 978-3-06-121005-2) im Internet zum Ausdrucken (für den Einsatz am OHP) oderfür das digitale Präsentieren am Whiteboard oder per Beamer.

Die Folien (ohne Unterrichtskommentar) sind außerdem auf der CD-Rom „Interaktive Tafelbilder für Beamer und Whiteboard" (ISBN 978-3-O6-023412-7) zu **À plus!** **Charnières** *Nouvelle édition* enthalten.
Sie finden sie dort in einem eigenen Ordner (bevor Sie die CD-Rom starten).

Inhaltsverzeichnis

FOLIE 1 Être jeune: entre rêves et réalité

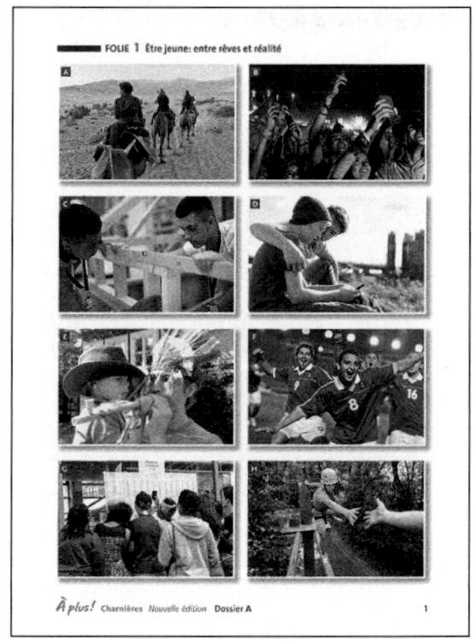

Einsatzort *À plus!* **Charnières** Dossier A

Funktion Einstieg in die Thematik des Dossiers anhand der Fotos

FOLIE 4 Décrire une personne

Einsatzort *À plus!* **Charnières** Dossier A | Volet 2

Funktion Vokabular zur Beschreibung von Personen wiederholen bzw. erarbeiten

S beschreiben die Personen anhand der Ausdrücke in den beiden Kästen. Die Ausdrücke sind eine Auswahl aus den Abschnitten *Le physique* und *Les vêtements, le look* des *Vocabulaire thématique* (Webcode APLUS-C-140). S können dort weitere Ausdrücke zum Thema „Aussehen und Kleidung" finden. Die angegebenen Ausdrücke können sie bei der Lösung der Aufgabe 7 im SB S. 22 wiederverwenden.

Lösung *Chloé:* Elle a les yeux verts, elle porte une robe rouge à pois et un haut à manches courtes.
Alice: Elle a la peau claire, elle a les cheveux longs et elle porte des lunettes. Elle a l'air gaie.
Valentine: Elle est petite, elle a les cheveux teints en blond et elle porte un short à rayures. Elle a l'air triste.
Malika: Elle est de taille moyenne, elle porte une minijupe et un haut doré.

Titouan: Il est grand. Il porte un costume avec une cravate rouge. Il a l'air en forme.
Patrick: Il est pâle. Il porte une casquette et des lunettes de soleil. Il a l'air fatigué.
Mathis: Il a la peau mate. Il porte un manteau blanc et un pantalon marron.
Erwan: Il a les yeux bleus. Il a une barbe et il porte une chemise à carreaux.

FOLIE 5 La phrase conditionnelle

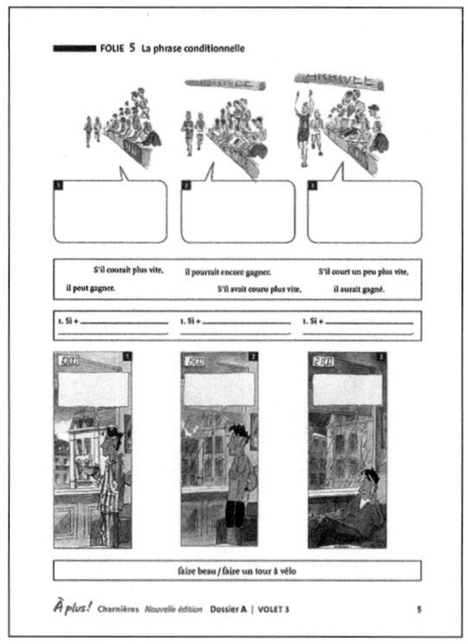

Einsatzort *À plus!* **Charnières** Dossier A | Volet 3

Funktion Erarbeitung des realen und des irrealen Bedingungssatzes

Die Folie bietet sich als Ergänzung der Aufgabe 7 im SB S. 26 an.
Oben: S ordnen die Nebensätze mit *si* dem passenden Hauptsatz zu und füllen Sprechblasen aus. Anschließend formulieren sie die Regel zur Verwendung der richtigen Verbformen.
Unten: S formulieren mit Hilfe des Kastens die drei Arten von Bedingungssätzen und füllen die Sprechblasen aus.

Lösung Oben: 1. S'il court un peu plus vite, il peut gagner. 2. S'il courait plus vite, il pourrait encore gagner. 3. S'il avait couru plus vite, il aurait gagné.

1. Si + présent, présent / futur simple (realer Bedingungssatz).
2. Si + imparfait, conditionnel présent (irrealer Bedingungssatz im Präsens).
3. Si + plus-que-parfait, conditionnel passé. (irrealer Bedingungssatz in der Vergangenheit)

Unten: 1. S'il fait beau, je ferai un tour à vélo / je fais un tour à vélo. 2. S'il faisait beau, je ferais un tour à vélo. 2. S'il avait fait beau, j'aurais fait un tour à vélo.

FOLIE 10 Le Marathon des Sables

Einsatzort *À plus!* **Charnières** Dossier B | Volet 2

Funktion Bildbeschreibung / Vorentlastung Leseverstehen *Le Marathon des Sables*, SB S. 40–41.
Die Folie eignet sich als Erweiterung zur Aufgabe 1 im SB S. 40. Sie bietet zwei zusätzliche Fotos (5. Flaggenlauf, 6. Krankenstation) zum Thema *Marathon des Sables*. S äußern anhand der Fotos Vermutungen über Atmosphäre, Motivation, Gefühle, Erfahrungen, usw.

FOLIE 11 Nasreddine Hodja

Einsatzort *À plus!* **Charnières** Dossier B | Volet 3

Funktion Vorbereitung und Unterstützung der Hörverstehensaufgabe, SB S. 49/10 durch ungeordnete Illustrationen. S bringen die Illustrationen in die richtige Reihenfolge.

Lösung 4, 5, 1, 6, 3, 2

FOLIE 13 Tâche A

Einsatzort *À plus!* **Charnières** Dossier B | Tâches – au choix

Funktion Weitere Auswahlmöglichkeiten bei *Tâche A*

Lösung (Beispiellösungen)

Foto 1:

une maison en pierre rose, à droite il y a un escalier, au centre il y a deux paires de ski sur un tas de sable, les skis sont posés contre le mur

1. les skis à droite: ils ont six ans, ils ont déjà eu trois propriétaires différents, ils préfèrent la neige au sable, ils rêvent d'être dans les Alpes
2. un des skis à gauche, qui est très curieux, parle avec un des skis à droite:
   – Waouh, qu'elle matinée, c'était cool, c'était trop fun!!! Et toi, comment tu trouves le ski sur le sable? Moi, j'adore!!!
   – Eh bien moi, je n'aime pas du tout. D'abord, c'est lent et après il faut tout remonter à pied. Déjà, j'ai passé les trois dernières années dans une cave, personne ne voulait de moi, ça m'a complètement déprimé et maintenant, je dois apprendre de nouveau. C'est l'horreur! Moi je rêve de neige blanche et froide ...
   – Moi, la neige, je ne la connais même pas. Mon seul souci, c'est que mon propriétaire pourrait s'acheter un sandboard, puisque c'est beaucoup plus à la mode maintenant. Moi, je rêve d'aller en Afrique. Il paraît qu'en Namibie il y a les dunes les plus hautes du monde ...
3. scène d'avant: une fille et un garçon arrivent avec leurs skis sur le dos, ils les posent contre le mur, il s'en vont pour manger à midi sur la terrasse de la maison, ils sont super contents de leur journée de ski sur sable
   scène d'après: quatre autres personnes arrivent pour la pause midi, elles ont toutes des sandboards et les posent à côte des skis, le ski à gauche murmure: «T'as vu!? Je le savais. Maintenant, c'est à moi d'être déprimé ...»

Foto 2:

au premier plan il y a trois femmes et un enfant à la plage, les femmes sont habillées de manière traditionnelle et portent le voile, à l'arrière-plan on voit la mer, des vagues, quelques rochers et trois jeunes surfeurs, une fille et deux garçons, ils sortent de l'eau, tous les trois ont leur planche (de surf) sous le bras

1. l'enfant à gauche: il s'ennuie, il aime bien la plage, il est pieds nus et il sent le sable sous ses pieds, il sent aussi le vent salé, mais il ne comprend pas pourquoi son ami n'a pas eu le droit de l'accompagner, ce serait beaucoup plus amusant que d'être avec sa mère et ses deux tantes, qui parlent tout le temps et n'ont pas envie de jouer avec lui
2. le garçon au milieu avec la planche de surf: 17 ans, il vit à Essaouira, l'année prochaine, il passe son bac, sa sœur aînée l'énerve, elle pense qu'elle est la meilleure surfeuse de la famille, mais ce n'est pas vrai, le mois prochain, il y a une compétition de surf et alors on verra bien ...
3. scène d'avant: les trois surfeurs sont dans l'eau, c'est agréable, l'eau est bonne et il y a des vagues assez hautes, la grande sœur passe tout près de son frère pour l'embêter et le fait presque tomber, il se fâche et crie quelque chose d'incompréhensible
   scène d'après: l'enfant s'en va et se cache, il est fâché parce que personne ne s'occupe de lui, quand la mère et les tantes ne le voient plus, elles ont peur, elles se lèvent et regardent partout autour d'elles et l'appellent ...

FOLIE 18 L'Europe – statistiques et sondages

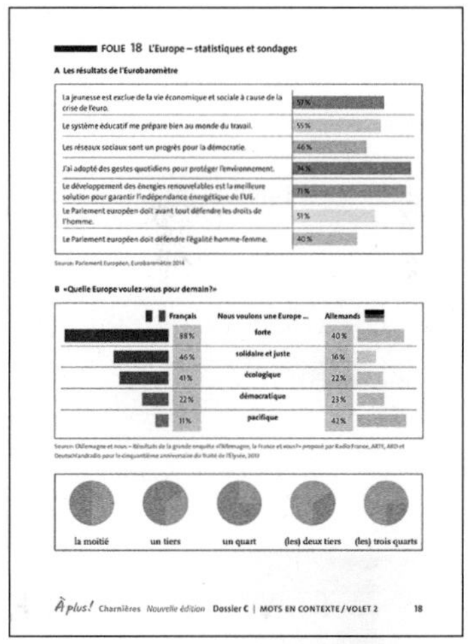

Einsatzort *À plus!* **Charnières** Dossier C | Mots en contexte, Volet 2

Funktion Darstellungshilfe und Veranschaulichung zu den Aufgaben im SB S. 55/4 und S. 65/11

S erarbeiten Redemittel zur Versprachlichung einer Statistik und üben diese ein.

FOLIE 20 Méthodes et stratégies: analyser une caricature (1)

Einsatzort *À plus!* **Charnières** Dossier C | Volet 3

Funktion Darstellungshilfe zur Analyse der Karikatur 1 im SB S. 66 und Diskussion im Plenum

L führt zunächst den unbekannten Wortschatz ein / S schlagen unbekannte Wörter im Wörterbuch nach, die zur Beschreibung der Karikatur 1 nötig sind: *les tranchées, le barbelé, la grenade*

Lösung (Beispiellösung)

Description

deux hommes en uniformes verts dans des tranchées se parlent en criant
ils sont séparés par du barbelé
à droite, il y a une grenade qui vole
le soldat à gauche dit: «un jour nous ferons de la télévision ensemble»

le soldat à droite dit: «ne dites pas n'importe quoi»
Titre: «1914»
Auteur: Pierre Kroll, année de parution: 2010
Chaîne de télévision: ARTE

Analyse
❶ le soldat à gauche est allemand – casque à pointe
❷ le soldat à droite est français – le drapeau français sur l'épaule
❸ les tranchées – symbole de la Première Guerre mondiale
❹ ils se parlent en criant parce qu'il y a beaucoup de bruit, probablement le bruit de la guerre (une grenade vole à droite)

Conclusion
Montre un contraste très fort dans les relations franco-allemandes: pendant la «Grande guerre», en 1914, il semblait impossible que des projets amicaux comme une chaîne de télévision commune deviennent possible. Aujourd'hui, les Français et les Allemands travaillent très bien ensemble.
Évidemment les choses ont bien changé entre la France et l'Allemagne depuis la Première Guerre mondiale.

FOLIE 22 Destination le Cameroun

Einsatzort *À plus!* Charnières Dossier D

Funktion Einstieg in die Thematik des Dossiers anhand der Fotos

FOLIE 25 Le Cameroun

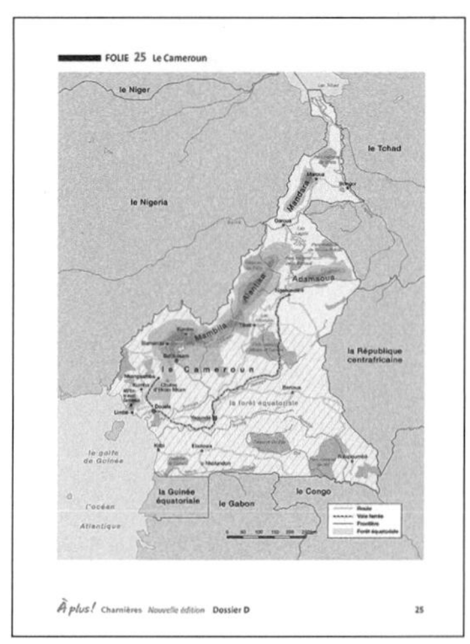

Einsatzort *À plus!* Charnières Dossier D | Mots en contexte

Funktion Orientierung und Hilfe in ganzen *Dossier*, insbesondere auf den Seiten 74 und 76–77 im SB